Reinhold Ruthe

Ein Teller Nüsse und 50 Pfennig extra

Geschichten und Gedichte zur festlichen Zeit

Bibliografische Information der Deutschen Nationalbibliothek
Die Deutsche Nationalbibliothek verzeichnet diese Publikation in der
Deutschen Nationalbibliografie; detaillierte bibliografische Daten sind
im Internet über http://dnb.d-nb.de abrufbar.

ISBN 978-3-8429-2619-6

Bestell-Nr. 5.122.619
© 2014 mediaKern GmbH, 46485 Wesel
Umschlagbild: Fotolia
Hintergrund: © Christian Jung; 50 Pfennige: © asafeliason
Innenbilder: S. 5, 20, 35, 71, 75, 82, 88, 95: © bofotolux/Fotolia
Umschlaggestaltung: Ch. Karádi
Satz: J. Deusch
Lektorat: D. Speiser
Gesamtherstellung: Drukarnia Dimograf, Bielsko-Biała, Polen
Printed in the EU 2014

www.media-kern.de

Inhaltsverzeichnis

Vorwort	5
Ein Teller Nüsse und 50 Pfennig extra	8
Das Kind liegt in Windeln und in Glassplittern	21
Ich sammle für (m)eine verarmte Familie	36
Wir haben keine Gefühle mehr füreinander	50
Der Gnadenerlass	72
Draußen vor der Tür	76
Der Bethlehem-Stern – Die Rubin-Sterne	79
Wär' Christus tausendmal in Bethlehem geboren	83
Der Sohn kommt	86
Josef – eine Nebenrolle	89
Große Freude	90
Weihnachten – der Retter ist geboren	93

Lieber Leser!

Ein frohes und gesegnetes Weihnachtsfest wünsche ich Ihnen.

Nicht umsonst ist Weihnachten das größte Fest des Jahres.

Im Grunde die größte Revolution aller Zeiten.

*Mit dem Kind
kommt der Himmel auf die Erde,
mit dem Kind
kommt Gott zu den Menschen,
mit dem Kind
kommt das ewige Licht in die Welt,
mit dem Kind
soll Friede in unsere Herzen einziehen.*

*Gott, wird unser Vater,
Christus wird unser Bruder,
das Kind wird unser Retter.*

Die unüberwindlichen Mauern zwischen Himmel und Erde werden eingerissen.

Gott will uns nicht abschreiben, er will uns ins Buch des Lebens schreiben.

Der unvergessliche Evangelist Wilhelm Busch wurde einmal gefragt, ob es nicht schrecklich wäre, wie das schönste und heiligste Fest von Industrie und Gesellschaft vermarktet würde. Millionen Kerzen und Lichter würden den Kommerz anheizen, und die Menschen würden vom Eigentlichen abgelenkt.

Und Wilhelm Busch antwortete sinngemäß:

Ist es nicht ein Wunder, dass Millionen und Abermillionen von Menschen in der Welt Lichter anzünden, Häuser und Straßen festlich schmücken, um die Geburt des Retters der Welt zu verkündigen?

*Es liegt an uns,
ob wir in der Weihnachtszeit Hektik und
Stress abstreifen,
ob wir uns mit Vorbereitungen den Kopf
zerbrechen,
ob wir Zeit zur Stille und Anbetung
finden,
ob wir aus der Geburt des Christkindes
Kraft schöpfen.*

*Die Krippe ist der Anfang,
das Kreuz ist das Ziel.*

In diesem Sinne wünsche ich Ihnen ein frohes Fest

Reinhold Ruthe

Ein Teller Nüsse
und 50 Pfennig extra

Eine eindrückliche Erinnerung als Achtjähriger an das Weihnachtsfest ist mir immer noch vor Augen.

Das Fest begann immer am ersten Weihnachtstag. Das war bei uns so üblich. Eine Bescherung am Heiligen Abend, wie in vielen anderen Familien, gab es nicht. Die Festtage begannen mit dem nächtlichen Gottesdienst am ersten Weihnachtstag, morgens um 6 Uhr.

Mitten in der Nacht mussten wir aufstehen. An diesem besonderen Tag wurden wir von der Mutter mit einer Glocke geweckt. Die Glocke war wie ein Klang aus einer anderen Welt. Die Müdigkeit war abrupt verschwunden. Ich flog in die Kleider. Unter der Pumpe, die selbstverständlich nur kaltes Wasser lieferte, begann ich eine Katzenwäsche. Die gute Stube, die nur sonntags, an Feiertagen und besonderen Anlässen benutzt wurde, war abgeschlossen. Das kleine Fenster neben der Tür verdeckte ein Vorhang. Nur für ein bis zwei Zentimeter am Fensterrahmen blieb der Blick frei für das Wohnzimmer. Der Baum war mit kleinen und großen silbernen Kugeln und mit viel Lametta festlich geschmückt. Unter dem Baum hüllte ein großes rotes Tuch die Geschenke ein.

In der Küche wurde gegessen. Nur eine Kleinigkeit. Mutter war längst auf den Beinen. Für die Erwachsenen gab es richtigen Kaffee, keinen Muckefuck, wie dass Zeug damals genannt wurde. Aber es gab ein paar Plätzchen und ein Stück selbst gebackenen Kuchen. Die kleine Schwester schlief noch. Mutter blieb darum zu Hause und bereitete das üppige Frühstück nach dem Weihnachtsgottesdienst vor.

Der nächtliche Gottesdienst hieß »die Uchte«. Selbstverständlich gingen alle Hausbewohner, die abkömmlich waren, dahin. Der Weg zur Kirche dauerte etwa zwanzig Minuten. Über mehr als zwei Kilometer mussten zu Fuß bewältigt werden.

Als mein Vater und ich das Haus verließen,

sahen wir in der Dunkelheit überall kleine Lichter. Die Gottesdienstbesucher hielten kleine Taschenlampen in ihren Händen, um den Weg zu finden. Helle Laternen waren damals noch nicht üblich.

Ich hängte mich an Vaters Arm, er bestimmte das Tempo. Bürgersteige fehlten, der Autoverkehr war damals noch sehr gering.

Die alte Kirche mit den hohen Fensterportalen ist hell erleuchtet. Durch die bunten Kirchenscheiben fällt warmes und einladendes Licht. Die Nacht ist schwarz, selbst die Konturen der Kirche sind nicht zu sehen.

Vater und ich schreiten durch das Kirchenportal. Zwei riesige Tannenbäume, die mit vielen weißen Wachskerzen besetzt sind, stehen rechts und links neben dem Altar. Die brennenden Kerzen, die ein lebendiges und flackerndes Licht abgeben, besonders wenn die Türen auf beiden Seiten des Kirchenschiffes geöffnet werden und der Wind von draußen in das Kirchenschiff dringt.

In dicke Mäntel und Schals gepackt sitzen die Besucher, Männer und Frauen, Junge und

Alte in den Bänken. Es herrscht Stille, nur wenige Menschen unterhalten sich, bevor der Gottesdienst beginnt.

Der Posaunenchor stimmt einen Choral an, und der Gottesdienst nimmt seinen Verlauf. Viele Weihnachtslieder werden gemeinsam gesungen, teilweise mit Begleitung des Chores und dann wieder mit dem Posaunenchor. Wir sitzen oben auf der Empore und können die wunderbar geschmückten Weihnachtsbäume sehen. Vor dem Altar ist eine große Weihnachtskrippe aufgebaut. Das Jesuskind, Maria und Joseph, die heiligen drei Könige und Ochs und Esel sind hell erleuchtet.

Von der Predigt weiß ich kaum noch etwas. Nur ein Gedanke ist mir im Gedächtnis geblieben: Der nächtliche Gottesdienst sei ein Bild für die Dunkelheit und Finsternis der Welt, die vom hellen Licht des Kindes in der Krippe erleuchtet würde.

Am Ende des Gottesdienstes ertönt zum Schluss das Lied »Tochter Zion«. Der wuchtige Posaunenchor reißt die Sänger mit, und ganz allmählich verlassen die vielen Besucher das Gotteshaus.

Während des Gottesdienstes habe ich auf der Empore meinen Freund Erwin entdeckt. Einige Male konnte ich ihm zuwinken. Er ist ein lang aufgeschossener und äußerst schmächtiger Junge mit einem schmalen fast eingefallenem Gesicht. Seine Eltern sollen arm sein, jedenfalls hat mein Vater mir das gesagt, und ich solle auf keinen Fall andern Kindern davon erzählen. Mich hat das nie gestört, wir haben auch nicht darüber geredet. Allerdings trägt er nur eine dünne Jacke über dem grauen Pullover. Weil er so dünn ist, sieht er doppelt ärmlich aus, das stimmt.

    Heute hab ich ihn beobachtet. Laut und begeistert hat er mitgesungen.

Vor der Kirche habe ich mich von meinem Vater verabschiedet. Ich will mit Erwin allein nach Hause gehen. Seine kalten Hände stecken in den Hosentaschen. Er hat keine Handschuhe. Eine Taschenlampe besitzt er auch nicht. Mir hat meine Mutter Strickhandschuhe mitgegeben und eine Taschenlampe, die uns den Heimweg zeigt. Erwin wohnt nur einige Häuser von uns entfernt.

»Wir hatten schon gestern Nachmittag Bescherung!«, sagt er.

Seine Stimme klingt stolz und glücklich. Und ich sage darauf lächelnd:

»Dann hast du sicher viel eingeheimst, oder?«

Er stutzt einen Augenblick, weil er meine Frage so nicht erwartet hat. Und etwas zögerlich kommt es heraus:

»Ne, das gerade nicht!«

Ich bleibe neugierig und frage: »Was hast du denn bekommen?«

Er kommt nahe an mich heran. Ob er will, dass es niemand hört?

»Einen schönen Teller voll mit Nüssen, eine Tafel Schokolade und 5o Pfennig extra.«

Einen kurzen Augenblick denke ich: »Und was kommt jetzt?« Aber es kommt nichts.

Mir verschlägt es die Sprache. Ich schäme mich. Wahrscheinlich darf ich bei der Bescherung viel mehr erwarten. An diese Szene kann ich mich genau erinnern. Wir waren auf halbem Wege zum Elternhaus. Erwin kommt meiner Verlegenheit entgegen.

»Aber wir haben uns noch über eine ganz andere Bescherung gefreut!«

Wieder hat seine Stimme den sonst monotonen Klang verloren. Sie klingt irgendwie glücklich als er sagt: »Mein Vater hat vom Christkind sein Fahrrad zurückbekommen!«

Ich stutze und bleibe erstaunt stehen. Mit der Taschenlampe leuchte ich in Erwins Gesicht. Er strahlt richtig.

Ungläubig schüttele ich meinen Kopf.

»Das verstehe ich nicht!«

»Klar, das kannst du auch nicht verstehen!«

Erwin dreht sich wieder nach vorn und wir gehen weiter.

»Du weißt ja gar nicht, was passiert ist!«

Das macht mich neugierig.

»Und was ist passiert?«

Erwin spricht geheimnisvoll.

»Das ist eine komische Sache. Eine Woche vor Heiligabend haben sie vor einem Bäckerladen meinem Vater das Fahrrad geklaut. Er hat ein Brot unterm Arm, kommt aus dem Laden raus und sein Fahrrad ist futsch. Kannste das begreifen?«

In der finsteren Nacht habe ich ungläubig meinen Kopf geschüttelt. Erwin hat es sicher nicht gesehen.

Er bleibt wieder stehen und fasst mich am Arm.

»Meine Güte, mein Vater ist auf das Fahrrad angewiesen. Ohne Fahrrad kann er nicht zur Arbeit.«

Die Verzweiflung seines Vaters berührt ihn tief.

»Und was hat das mit der Bescherung auf sich?« frage ich ziemlich abrupt.

Erwins Stimme wird lauter.

»Weißt du, die Tage vor Weihnachten waren schrecklich. Meine Mutter hat viel geweint. Und mein Vater lief bedrückt und wortlos herum. Wie soll er zur Arbeit kommen? Kein Mensch in der Nähe hat ein Motorrad, der ihn mitnehmen könnte. Ich weiß das jetzt erst, ein Fahrrad ist ein Vermögen!«

Erwins Gedanken verwirren mich. Ich versuche mir das klarzumachen, dass ein Fahrrad ein Vermögen ist. In welcher Welt habe ich gelebt?

Erwin ist noch voll von dem Ereignis.

»An dem Tag, als das Fahrrad geklaut wurde, kam meine Mutter spät abends an mein Bett. Sie kämpfte mit den Tränen und sagte zu mir, dass ich jetzt jeden Tag bis Heilig Abend mehrere Male am Tag zum Jesuskind beten müsse, damit Vater sein Fahrrad wieder bekomme.«

Erwin ging langsamer. So redselig habe ich ihn selten erlebt.

»Als meine Mutter gegangen war, lag ich lange wach und habe ein paar vernünftige Sätze gesucht, die ich Jesus sagen wollte. Ich durfte ihm doch auf keinen Fall etwas vorstottern!«

Ich konnte gar nichts sagen, mein Hals war wie zugeschnürt.

»Glaub mir, mein Vater und meine Mutter taten mir so leid, ich habe an ein Weihnachtsgeschenk für mich überhaupt nicht mehr gedacht. Ich habe tatsächlich einige Male am Tag Jesus angerufen, er möchte meinem Vater ein neues Fahrrad beschaffen. Ich konnte mir nicht vorstellen, dass er sein altes zurückbekommt.«

»Und was ist geworden?«, fragte ich betroffen.

Erwin antwortete spontan. Die Geschichte bewegte ihn vom Scheitel bis zur Sohle.

»Stell dir vor, am Morgen des Heiligen Abend kam ein Polizist und brachte Papas Fahrrad. Vater und Mutter standen mit offenem Mund da. Ich stand hinter den beiden und war platt. Mit einem Blick hatte ich gesehen, alles war noch dran am Fahrrad, nichts war kaputt. – Ich glaube, der Polizist kam sich auch ziemlich komisch vor. Mein Vater schüttelte ziemlich verwundert den Kopf. Er kriegte kein Wort raus.«

In mir ist alles gespannt. Ich habe gar nicht gemerkt, dass wir schon fast vor unserer Haustür stehen.

Erwin lässt nicht locker.

»Der Polizist sagte noch: ›Der Dieb ist inzwischen verhaftet worden. Als er mit dem gestohlenen Fahrrad losfuhr, ist ihm ein Motorradfahrer heimlich gefolgt. Der Dieb versteckte das Fahrrad im Schuppen seines Hauses.

Der Motorradfahrer hat mich angerufen. Ich habe das Fahrrad abgeholt. Hier ist es.‹ Er stellte es unsere Hauswand.«

Alles sprudelt aus meinem Freund.

Ihn hatte wirklich die Weihnachtsfreude gepackt.

»Meine Mutter schaute mich vielsagend an und meinem Vater liefen ein paar Tränen die Backen herunter. Endlich hatte er seine Fassung wieder gefunden. Er lief auf den Beamten zu und drückte ihm innig beide Hände. Ich mache kein Hehl daraus, ich war auch stolz, dass ich dem Heiland ein Wunder zugetraut habe.«

Er holt noch einmal tief Luft.

»Junge, und jetzt feiern wir so richtig Weihnachten!«, sagt er.

Ich nicke nur und bewundere meinen Freund.

Wir verabschieden uns, wünschen einander frohe und gesegnete Weihnachtstage.

Die Nacht hat unsere Welt noch fest im Griff. Wie einen Schatten sehe ich meinen glücklichen Freund losrennen.

Als in unserer Familie das üppige Frühstück mit heißer Schokolade, mit Printen und Stollen zu Ende ist, gehen Vater und Mutter mit meiner kleinen Schwester und mir zum Weihnachtsbaum, unter dem viele Geschenke liegen, die nur in eine rote Decke gehüllt sind.

Vater stimmt das Weihnachtslied an »O du fröhliche, o du selige, gnadenbringende Weihnachtszeit«. Meine kleine Schwester und ich können die Strophen nur stammeln. Zum Auswendiglernen hat es nicht gereicht. Und dann der große Augenblick!

Mutter nimmt vorsichtig die schöne Decke von den Geschenken, und wir staunen über die vielen Päckchen, die liebevoll in Weihnachtspapier verpackt sind. Meine Schwester blickt wie hypnotisiert auf alles, was das Christkind gebracht hat.

Bevor ich hastig das erste Päckchen öffne, denke ich an Erwin, der in der Uchte aus tiefstem Herzen dem Christkind gedankt hat, dass es dem Vater sein wertvolles Fahrrad zurückgebracht hat.

Das Christuskind

*schenkt unserm Leben Sinn und Ziel,
schenkt dir und mir Trost und Geborgenheit,
schenkt uns die Ewigkeit, ein Freudenspiel,
schenkt Gnade und Barmherzigkeit.*

Das Christuskind

*ist mehr als die moralische Instanz,
ist mehr als Kitsch und Kerzenschein,
ist mehr als Tannenbaum und Lichterglanz,
ist mehr als süß und will dein Retter sein.*

Das Kind liegt in Windeln und in Glassplittern

Mia Müller ist die einzige Tochter von Mutter Elvira, die leider 200 Kilometer entfernt wohnt. Mutter Elvira ist seit Jahren verwitwet und lebt allein in ihrer Wohnung. Sie pflegt einen innigen Kontakt zur ihrer Kirchengemeinde und besucht während der Woche einige Veranstaltungen.

Tochter Mia sitzt am zweiten Adventssonntag vor zwei brennenden Kerzen des Adventskranzes und überlegt, was sie der Mutter zu Weihnachten schenken soll. Glücklicher- oder unglücklicherweise hat die Mutter ausgerechnet am zweiten Weihnachtstag Geburtstag. Sie wird 80 Jahre alt, ein Fest, an dem die Tochter, das Enkelkind, ihr Mann, Freunde und Verwandte erwartet werden.

Schon seit Jahren predigt Mutter, so jedenfalls deutete es Mia, dass sie keine Geschenke erwarte. Immer wieder klingen ihre Sätze so oder etwas anders: »Ich bin ein Weihnachtskind. Christus ist für uns geboren. Er ist das schönste Geschenk für mich. Daran werde ich Jahr für Jahr erinnert.« Basta! Das hat sie nicht gesagt, aber gedacht. Wer Mutter Elvira kennt, weiß, dass sie keine frommen Sprüche klopft. Sie sagt und tut, was sie denkt.

Plötzlich hat Mia eine Idee. Sie schaut in das flackernde Licht, und die Idee gewinnt Gestalt. Mutters Geburtstag muss dieses Jahr etwas aufwendiger gefeiert werden. Achtzig Jahre sind kein Pappenstiel. Ihre Lippen bewegen sich, und die Idee hört sich so an: »Wir schenken Mutter zehn kostbare Weißweingläser, schön geschliffene Römer aus Kristall, und zehn kleine Schälchen für den Aperitif. Die Weihnachtsflaschen gehören dazu, zwei Aperitif-Behälter ebenso. Wenn dann nach dem Gottesdienst die Gratulanten kommen, ist alles gut vorbereitet.«
    Tochter Mia reibt sich die Hände, sie ist mit sich zufrieden.

Auch ihr Mann, der etwas verfroren mit Tochter Jessika zurückkommt, stimmt dem Geschenk zu. Töchterchen Jessika hat noch keine

Meinung zu haben. Der Mann küsst seine Frau auf die Wange und sagt spitzbübisch:

»Du hast Recht, es ist ja kein richtiges Geschenk, Schwiegermutter will das ja nicht, aber für die 80-Jahr-Feier ist die Idee einmalig.«

Mia Müller, ihr Mann und Töchterchen Jessika sind für den zweiten Weihnachtstag zum kleinen Empfang in Mutter Elviras Wohnung eingeladen. Mia und ihr Mann kaufen die gedachten Geschenke ein. Die Gläser werden in feines Seidenpapier gewickelt und liegen dicht neben einander. Mias Mann zieht die Stirn kraus und hat wegen der Verpackung Bedenken. Der Verkäufer beruhigt sie, es sei noch niemals etwas mit *seinen* Gläsern passiert. Mia ist beeindruckt, wie er von seinen Gläsern spricht. Und beide lassen sich beruhigen.

Am zweiten Weihnachtstag ist der Regen vom ersten Weihnachtstag pünktlich in Schnee übergegangen. Kinder und Rodler sind begeistert, die Autofahrer schauen bedenklich. Auch Ehepaar Müller setzt seine Füße vor dem Haus auf die glatte Straße. Der Mann schüttelt bedenklich den Kopf.

»Damit habe ich nicht gerechnet. Aber wir müssen fahren!«

Das Thermometer zeigt zwei Grad unter null. Die Autobahnen sind sicher gestreut, aber noch lange nicht alle Wege und Straßen. Die Fahrt ins Sauerland geht teilweise über die Autobahn, ein Teil der Strecke verläuft jedoch über die Dörfer.

Vater Müller hat die große Krippe, die er schon vor langen Jahren gebastelt hat und die in einem aus Holz gezimmerten alten Stall steht, vom Kleiderschrank geholt und stellt sie hinten in sein Auto.

Die schweren Keramikfiguren, Maria und Josef, die heiligen drei Könige, Ochs und Esel und die Hirten auf dem Felde, liegen nebeneinander im Stall. Davor finden die kostbaren Gläser ihren Platz.

Um 8 Uhr morgens fahren sie los. Gegen halb 12 Uhr wollen sie spätestens bei der Mutter eintreffen. Der Vater fährt und hat eine CD mit Weihnachtsliedern in den CD-Player geschoben. Jessika sitzt hinter dem Vater in ihrem Kindersitz. Mutter sitzt neben ihr und summt die Weihnachtslieder mit.

Die Fahrt auf der Autobahn ist problemlos. Die Fahrbahnen sind mit Salz gestreut. Nur die Scheiben werden immer wieder mit einem grauweißen Film verschmiert.

Eben hat der Vater noch gesagt: »Und jetzt beginnt der schwerste Teil der Reise.«

Sie sind mit dem Wagen von der Autobahn abgebogen und fahren auf eine Ampelanlage zu. Im letzten Augenblick schaltet die Ampel auf Gelb, und Herr Müller tritt auf die Bremse. Der Wagen rutscht noch ein bis zwei Meter und bleibt hinter der Ampelanlage, schon in der Kreuzung, stehen. Hinter ihnen ist ein junges Pärchen in einem Jeep zu nahe aufgefahren. Es bekommt den Wagen nicht mehr unter Kontrolle und fährt mit voller Wucht auf Müllers rutschenden Wagen auf. Ein lauter Knall entsetzt die Insassen in den Fahrzeugen. Glas splittert. Und die Autobleche quietschen aneinander. Jessika ist traumatisiert. Im

Kindersitz wurde sie hin und her gerüttelt und schreit wie von Sinnen. Mia Müller ist nur gegen das Nackenpolster geprallt und wirft sich auf die Tochter, um sie zu beruhigen. Herr Müller ist relativ ruhig geblieben. Er hat den Motor und die Weihnachtsmusik abgestellt und steigt aus seinem Wagen. Das junge Paar ist rechts und links aus dem Jeep gesprungen. Beide schauen auf das Wrack vor ihnen. Die junge Frau wirft sich in die Arme des Mannes und schluchzt: »Das ist eine furchtbare Bescherung. An alles habe ich gedacht, nur an so etwas nicht!«

Der junge Mann entschuldigt sich bei Herrn Müller. »Das tut mir entsetzlich leid, ich glaube, ich war zu dicht hinter ihnen und habe Ihren Stopp zu spät erkannt.«

Herr Müller nickt nur und schaut verstört auf das verbeulte Hinterteil seines Autos. Die Heckklappe ist völlig zerknautscht, das Glas ist zersplittert. Im Auto schreit Jessika ohne aufzuhören. Mutter wiegt das Kind in ihren Armen.

Hinter den verkeilten Fahrzeugen hupen andere Autos. Sie können nicht übersehen, was geschehen ist. Auf der anderen Straßenseite halten Autos an. Neugierige stehen am Straßenrand und blockieren den Verkehr.

»Wir müssen unbedingt die Polizei rufen!«, spricht Müller den jungen Mann an, der den Unfall verursacht hat. Die junge Frau hängt ihm weinend im Arm.

»Ich erledige das!« Er reißt sich von seiner Partnerin los, öffnet eine Wagentür und sucht sein Handy. Er wühlt kopflos in einer riesigen Badetasche. Als er endlich das Handy in der Hand hält, weiß er die Nummer nicht. Hilflos schaut er in den grauen Himmel und hantiert verwirrt an dem Gerät herum.

Seine Begleiterin nimmt ihm das Handy aus der Hand und wählt die richtige Nummer. Die Polizei meldet sich sofort. Die Dame nennt den Ort des Zusammenstoßes.

Im Auto hat sich Jessika inzwischen beruhigt. Sie schmiegt sich ängstlich an die Mutter und schaut auf die Trümmer und das Durcheinander hinter ihr.

In wenigen Minuten ist die Polizei mit zwei Beamten zur Stelle. Der eine holt eine Kamera aus dem Wagen, macht eine Aufnahme und bittet die Fahrer, die Kreuzung zu räumen. Inzwischen nimmt der andere Beamte die Personalien der Fahrer auf. Der Fahrer des Jeeps hat den Motor angelassen und zieht sein Auto krächzend aus dem zerbeulten Wagen des Herrn Müller. Die bulligen Stoßstangen seines Fahrzeugs haben sich tief in den Rahmen des Vordermannes gebohrt. Die Weinglaspakete sind zerrissen, und die Scherben haben sich über die ganze Krippe verteilt. Auch Herr Müller zieht sein Auto von der Kreuzung weg und parkt auf dem Seitenstreifen. Beide Autos sind noch fahrtüchtig.

Mia Müller hat inzwischen ihre Mutter angerufen, um ihr zu sagen, dass sie später eintreffen. Kurz und bündig grüßt sie ihre Mutter zum Geburtstag und sagt etwas spöttisch und verzweifelt: »Unsere erste Bescherung haben wir schon hinter uns!« Stimme, Hektik und Atem verraten nichts Angenehmes. Das Geburtstagskind ist aufgeschreckt und will Einzelheiten wissen, aber die Tochter lässt die Mutter im Ungewissen.

Beide Fahrer tauschen noch einige Formalitäten aus und machen sich auf den Weg.

Mutter Elvira steht schon an der Tür, als das zerbeulte Auto vorfährt. Sie friert und reibt sich die Hände. Herr Müller springt als Erster aus dem Wagen, nimmt seine Schwiegermutter in den Arm und wünscht ihr ein gesegnetes Weihnachtsfest und gratuliert ihr herzlich zum Geburtstag. Jessika klammert sich fest an Mutter und beide steigen aus dem hinteren Wagenteil. Gemeinsam knuddeln sie die Mutter und wünschen ihr auch viel Glück und Gottes Segen. Das Geburtstagskind ist zwei Schritte näher getreten und sieht plötzlich das ganze Fiasko mit dem zerbeulten Auto. Betroffen schlägt sie beide Hände vors Gesicht.

Die verbeulte Heckklappe lässt sich natürlich nicht mehr öffnen. Herr Müller baut die hinteren Sitze aus und holt die große Krippe und den Stall aus dem Auto.

Der strohbedeckte Boden und die Krippe sind mit Glassplittern übersät. Die schönen

Gläser sind bis auf zwei alle zerbrochen. Das Christuskind ist mit Glasscherben eingedeckt. Aber sein zufriedenes Lächeln hat es nicht verloren.

Herr Müller trägt die Krippe mit dem Stall und mit einem angebrochenen Dachstuhl ins Wohnzimmer.

Da sitzen schon einige Gäste und trinken einen Aperitif aus Gläsern, die auf den Tischen stehen.

Das Geburtstagskind hat das Sideboard freigemacht. Die große, schöne Krippe nimmt die Hälfte des Schrankes ein. Herr Müller schließt den Stecker mit den dünnen Schnüren zu den Lämpchen und Birnen in Krippe und Stall an. Und siehe da, alle Lichter sind heil geblieben. Maria und Josef, die heiligen drei Könige, die Hirten, Ochs und Esel, die bei dem Aufprall durcheinander geflogen sind, werden wieder an ihren Platz gestellt.

Nur die kleinen Glassplitter, die scharf und kantig herumliegen, fasst keiner mit bloßen Händen an.

Familie Müller stellt sich den Gästen vor und gesteht dem Geburtstagskind, dass sich leider ihr Geschenk in tausend Glasteilchen aufgelöst hat. Das Geburtstagskind nimmt die Bescherung kaum wahr, es ist abgelenkt, denn immer neue Gäste kommen, gratulieren und suchen einen Platz. Aus allen Räumen sind Stühle und Schemel herbeigeschafft worden, und die Besucher quetschen sich dicht aneinander. Zum Schluss kommt noch der Pastor der Gemeinde. Für ihn ist im Augenblick kein Platz da. Nach dem Ende des Gottesdienstes hat er sich sofort auf den Weg gemacht.

Irgendwie fasziniert steht er vor der Krippe und schaut interessiert in den Stall. Solch eine Krippe hat er noch nie gesehen. Der Dachstuhl ist eingeknickt, die kleinen Holzdachpfannen hängen schief, und das Christuskind ist rundum mit Glasscherben zugedeckt. Die Glasteile spiegeln von allen Seiten das Licht wider, und so ist das Christuskind in ein glänzendes Lichtermeer gehüllt.

In seinem Gesicht arbeitet es. Er muss ja schließlich ein hilfreiches Wort sagen. Er dreht sich spontan um, die Gespräche verstummen.

Er zerknüllt einen Zettel, den er in der Hand hielt und lässt ihn in seinem Jackett verschwinden.

»Liebes Geburtstagskind, liebe Gäste! Ein kurzes Wort, das ich vorbereitet hatte, habe ich wieder in meine Jackentasche gesteckt. Ich weiß, das Geburtstagskind will auf keinen Fall, dass sein Geburtstag mehr Beachtung findet als der Geburtstag unseres Herrn. Es lehnt auch Geschenke ab, weil das Christuskind unser größtes Geschenk ist. Einverstanden! Im Mittelpunkt des Raumes steht eine wunderbare Krippe. Der Stall spiegelt in der Tat die armselige Geburtsstätte unseres Herrn wider. Gott wird Mensch und besucht unsere kaputte Erde. Er kommt in eine Welt und findet einen riesigen Scherbenhaufen vor. So ist unsere Situation, so sieht unser Dasein aus. Ich habe noch nie in meinem Leben eine Krippe gesehen, die unseren menschlichen Zustand besser charakterisiert hätte. Sein Kommen ist ein Wunder in diese zerbrochene Welt.«

Das Geburtstagskind steht behende auf und klatscht in seine Hände und alle schließen sich an. Verschmitzt schaut Oma Elvira Familie Müller an.

Der Pastor ergreift ein gefülltes Glas, das auf der Anrichte steht, und hebt es in die Höhe. Die übrigen Gäste bemühen sich auch um ein Getränk und erheben sich:

»Wir feiern heute gemeinsam Weihnachten und den Geburtstag unserer achtzigjährigen Jubilarin. Herzlichen Glückwunsch!«

Herr Müller stößt seine Frau an und flüstert ihr zu:

»Scherben bringen doch Glück. Hättest du eine solche Bescherung erwartet?«

*ER kommt auf die Erde,
und du nimmst keine Notiz;*

*ER klopft an die Tür,
und du hast keine Zeit;*

*ER will dir begegnen,
und du hörst lieber Weihnachtsmusik;*

*ER zettelt eine Revolution an,
und du feierst ein schnuckeliges Familienfest;*

*ER will dich beschenken,
aber der Weihnachtstress hält dich in Atem;*

*ER wird für dich Mensch,
aber du zerbrichst dir den Kopf,
ob du den Weihnachtsbaum
dieses Jahr in Rot, in Silber,
in Blau oder in Gold schmückst.*

Einmal nur
will ich entfliehen der Heile-Welt-Idylle,
einmal nur
will ich der Hektik aus dem Wege gehn,
einmal nur
wünsch ich den Blick auf seine Fülle,
einmal nur
will ich allein das Christkind sehn.

Einmal nur
will ich den alten Trott durchbrechen,
einmal nur
will ich der Masse nicht entsprechen,
einmal nur
will ich die eilgen Tage vor dem Fest beenden,
einmal nur
will ich allein dem Kind Anbetung spenden.

Ich sammle für (m)eine verarmte Familie

In der Adventszeit steht jeden Sonntag nach dem Gottesdienst auf dem Bürgersteig der Hauptstraße, die an der Christuskirche vorbeiführt, ein hoch aufgeschossener Junge.

Er geht nicht auf den Kirchplatz, der zur Gemeinde gehört, um Unannehmlichkeiten vorzubeugen.

Seine Haare sind ungekämmt, seine Schuhe zerschlissen, und sein Parka ist an den Ärmeln abgenutzt. In der Hand trägt er ein Pappschild auf dem liest man:

Ich sammle für meine verarmte Familie.

Am 2. Adventssonntag gehen einige Gottesdienstbesucher irritiert zum Pfarrer zurück und beschweren sich über den Bettler vor der Kirche. Dem Pfarrer ist das unangenehm, aber er verspricht, sich um die Sache zu kümmern. In der Tat, da steht ein Jugendlicher, er sieht etwas verwahrlost aus. In den Händen ohne

Handschuhe hält er eine Dose, und in der anderen Hand das Pappschild. Der Pfarrer spricht ihn direkt an:

»Du stehst direkt vor der Kirche und sammelst für deine verarmte Familie?«

»Ist das etwa verboten?«, fragt der Junge selbstbewusst.

»Auf dem Kirchengebiet ja!«

»Aber da stehe ich ja nicht«, sagt der Junge schnippisch.

»Und warum sammelst du gerade vor einer Kirche?«

Der Junge denkt eine Weile nach und sagt dann:

»Von der Kirche halte ich ja nicht viel, aber die Leute sind ein bisschen spendabler als alle anderen.«

Der Pfarrer macht ein sehr zufriedenes Gesicht.

»Und was glaubst du, warum die Christen etwas spendabler sind als die anderen Menschen?«

Der Junge lässt sich auf das Gespräch ein.

Eben noch kommt eine alte Dame an den beiden vorbei. Sie grüßt höflich, öffnet ihr

Portemonnaie und steckt dem Jungen einen Fünf-Euro-Schein in die Büchse. Der Pastor winkt der alten Dame nach und spricht zu dem Jungen gewandt:

»Ehrlich! Was meinst du, warum die das tun? Haben die alle 'ne kleine Macke und fallen auf jeden Bettler rein?«

Die Gottesdienstbesucher sind weg. Der Pastor steht mit dem Jungen allein auf dem Bürgersteig. Der Junge hat sein Schild auf die Erde gestellt und die Büchse mit Inhalt in seinen Rucksack gesteckt. Weil der Pastor ihm keine Vorwürfe macht, antwortet er ihm auch.

»Ja, hier lohnt sich das. Die meisten, die was geben, sind weiche Typen«, sagt er.

Der Pastor lästert: »Du meinst, das sind Weicheier?«

Beiden lächeln verschmitzt. Und der Junge setzt nach.

»Nein, das sind ganz normale Leute, aber die haben mehr Herz als andere.«

Der Pastor ist gerührt.

»Du, das finde ich toll wie du das sagst. Nächsten Sonntag werde ich den Leuten im

Gottesdienst sagen, worin sich Christen von anderen unterscheiden. Ein 14-jähriger Junge, der mit der Kirche nicht viel am Hut hat, hat mir gestanden: ›Christen sind Leute, die mehr Herz haben als andere.‹ Ist das richtig?«

Der Junge unterbricht ihn.

»Ich glaube schon, aber ich bin erst dreizehn. Sie haben fast richtig getippt.«

Der Junge ist dem Pastor sympathisch.

»Erzählst du mir ein bisschen, wie's bei dir zu Hause aussieht?«

Der Junge nickt. Auf solche Fragen ist er vorbereitet.

Jetzt sprudelt es aus ihm heraus.

»Ich habe noch vier Geschwister. Ich bin der Älteste. Mein Vater ist schon seit fünf Jahren arbeitslos, und meine Mutter sitzt im Rollstuhl. Eine kleine Schwester ist blind.«

Der Junge holt tief Luft und schaut den Pastor an. Der nickt betroffen.

»Das ist ja wirklich bedrückend. Wo wohnst du denn?«

Diese Frage scheint den Jungen nicht zu begeistern. Darum lässt er den Pastor im Ungewissen.

»Wir wohnen in den scheußlichen Mietshäusern in der Südstadt, wenn Sie wissen, wo das ist!«

»Aha«, sagt der Pfarrer und merkt, dass er Genaueres nicht erfährt.

»Und wie darf ich dich ansprechen, wenn ich dir wieder irgendwo begegne?«

»Ich heiße Manfred.«

»Auf jeden Fall, Manfred, hast du heute ein Schnäppchen gemacht, oder?«

Der Junge ergreift sein Pappschild und strahlt. Im Weggehen dreht er sich noch einmal um und sagt: »Bei der Kirche lohnt es sich immer und in der Weihnachtszeit ganz besonders.«

Dem Pastor tut der schlaksige Junge mit seiner Familie leid.

Über einen Polizisten, der Mitglied in seiner Gemeinde ist, erfährt die genaue Anschrift.

Bei der Polizei ist er längst bekannt, weil er auch vor anderen Gotteshäusern pünktlich nach Gottesdienstschluss mit Pappschild und klappernder Büchse auf Spendenfang gegangen ist.

Einige Tage später, Schule und Mittagessen sind vorbei, macht sich der Pfarrer auf den Weg in die Südstadt.

Vor dem Haus, wo die Familie wohnen soll, steht Manfred mit Händen in den Hosentaschen neben einem andern Jungen. Als Manfred den Pastor kommen sieht, zieht er seine Kappe tief ins Gesicht und versucht sich zu verstecken.

Aber der Pfarrer hat ihn erkannt und spricht ihn sofort an.

»Hi, Manfred, ich grüße dich, auch deinen Freund.«

Der Junge neben Manfred ist etwas kleiner und dicker. Der schüttelt seinen Kopf und blickt verstört.

»Mein Kumpel heißt doch gar nicht Manfred, da müssen Sie sich aber verguckt haben!«

Der Pastor lässt sich nicht beirren.

»Doch, doch, am letzten Sonntag haben wir uns nach dem Gottesdienst unterhalten. Manfred hat mir einiges über seine Familie erzählt.«

Der Freund ist perplex. Er rückt ein Stück von seinem Kumpel ab und schaut ihn neugierig an.

»Du warst am letzten Sonntag in'ner Kirche? Mensch, ich glaub mich tritt ein Pferd! Ich scheine dich wohl überhaupt nicht zu kennen!«

Er stemmt seine Hände in die Seite und schaut verwirrt.

Manfred oder wie er auch immer heißt, schiebt seine Kappe aus dem Gesicht, hat puterrote Wangen und versucht, die Situation zu retten.

»Herr Pfarrer, Sie müssen entschuldigen, aber ich heiße gar nicht Manfred.«

Der arme Junge steht gewaltig unter Druck und macht ein paar entschuldigende Handbewegungen.

Der Pfarrer beruhigt ihn: »Das macht doch nichts. Du kümmerst dich aber um deine in Not geratene Familie.«

Kleine Pause. Der Junge, der sich Manfred genannt hat, ist völlig durcheinander. Er ist ganz kleinlaut geworden.

»Weißt du was, wir gehen jetzt mal zu deinen Eltern. Ich mache einen Besuch, und wir überlegen, was wir machen können, okay?«

O weh! Der Junge druckst herum, und sein Kumpel sucht kopfschüttelnd das Weite.

»Meinetwegen«, sagt Manfred und fühlt sich ausgesprochen unwohl.

Widerwillig klingelt der Junge und Mutter öffnet die Tür.

Sie sitzt keineswegs im Rollstuhl. Sie schaut beide überrascht an.

»Mutter, das ist der Pfarrer von der Christuskirche.«

Lauernd und ängstlich entfährt es ihr: »Na, was hat der Bengel wieder angestellt?«

Sie schließt die Tür und bittet den Gast hinein. Der Pfarrer will ihr die Befürchtungen nehmen.

»Nein, im Gegenteil«, sagt der Pfarrer, »ich bewundere Ihren Sohn, wie er sich für die Familie einsetzt und Geld sammelt, damit es Ihnen besser geht.«

Mutter verschlägt es die Sprache. Sie lässt sich wortlos in einen Sessel fallen.

Der Pfarrer hat mit einem Blick das Wohnzimmer, die Einrichtung und den Flur in Augenschein genommen. Nein, nach Armut sieht alles nicht aus, nach Reichtum allerdings auch nicht.

Der Junge hat den Kopf tief gesenkt. Er hat sich in eine ganz böse Sache verstrickt.

»Martin, ich verstehe überhaupt nichts. Und jetzt mal raus mit der Sprache! Was ist passiert?«

Mutter hat sich im Sessel aufgerichtet, und ihre Stimme klingt bedrohlich.

Der Pfarrer hat neben ihr im Sessel Platz gefunden, und Martin steht vor einem Heizkörper in der Wohnung und hat beiden den Rücken zugekehrt. Er ist wirklich nicht zu beneiden.

Mutter wird noch ein bisschen lauter.

»Und dreh uns nicht das Hinterteil zu, wenn du mit uns sprichst, hörst du?«

Artig dreht sich Martin herum und hält sein Gesicht bedeckt. Das Ganze ist ihm höchst peinlich.

»Das war so: Ich wollte unbedingt einen iPod haben. Die andern haben längst einen und Papa hat konsequent nein gesagt.«

Mutti geht dazwischen und sagt:

»Mein Mann war ein halbes Jahr arbeitslos.

Wir sind im Augenblick nicht so gut dran«, und zum Jungen gewandt:

»Papa hat dich bis zu deinem Geburtstag im Mai vertröstet. Dann kriegst du deinen ... Dingsda. Das sollte eigentlich reichen.«

Die Mutter unterbricht sich selbst: »Meine Güte, ich weiß immer noch nicht, was du angestellt hast.«

Martin dreht sich verschämt zur Seite.

»Ich habe an zwei Adventssonntagen nach dem Gottesdienst vor der katholischen und vor der evangelischen Kirche mit einer Büchse gesammelt.«

Mutter reckt ungläubig ihren Kopf nach vorn.

»Was hast du gemacht?«

Jetzt unterbricht der Pfarrer und wendet sich der Mutter im anderen Sessel zu.

»Also Ihr Sohn hat das ganz geschickt gemacht. Auf einem großen weißen Pappdeckel, den er an einem Stiel befestigt hat, stand zu lesen: Ich sammle für meine verarmte Familie.«

Mutter steht der Mund offen. Sie schaut vom Pfarrer zum Sohn und reagiert wie benommen.

»Also, also, du hast uns bis auf die Knochen blamiert! Junge!«

Martin dreht Mutter und Pfarrer wieder sein Hinterteil zu und hängt mit dem Kopf über der Heizung.

Der Pfarrer nimmt es leichter.

»Meine Vermutung ist, die Sache hat sich für Martin gelohnt. Eine Reihe Christen haben sich in der Weihnachtszeit erweichen lassen und Ihr Sohn bekommt vom Christkind seinen iPod.«

Mutter schließt die Augen und schüttelt unaufhörlich ihren Kopf.

Dann droht sie mit dem Finger: »Aber das steht außer Zweifel: Vom Christkind bekommt der nie und nimmer das Ding, das ist doch lächerlich!«

»Das finde ich nicht«, sagt der Pfarrer, »aber ich will Sie nicht belehren. Darum ist das Christkind doch gerade auf die Erde gekommen, um eine verlogene Welt zu beschenken. Wäre er im Himmel geblieben, sähe alles heute noch schlimmer aus. Davon bin ich überzeugt.«

Die Mutter sieht noch nicht überzeugt

aus. Sie ist bis auf den Grund ihrer Seele wütend.

»Ich rede heute Abend mit Papa, und du bekommst erst mal eine kräftige Abreibung. Dann weißt du, was sich gehört!«

Der Pfarrer unternimmt noch einen Anlauf und beschwichtigt:

»Ich versuche Sie zu verstehen. Einverstanden, die Sache, die Ihr Sohn angestellt hat, ist wirklich nicht gut. Aber Ihr Sohn hat Ideen, und wenn er sich demnächst positive Ideen leistet, und das tut er bestimmt, dann wird er vielleicht anderen, wirklich armen Menschen, helfen.«

Jetzt ist Martin hellhörig geworden. Abrupt dreht er sich um und sagt:

»Herr Pastor, ich danke Ihnen, dass sie mich nicht fertig gemacht haben. Und angezeigt haben Sie mich auch nicht. Ich weiß, das Ganze ist eine große Schweinerei. Vielleicht kann ich etwas wieder gut machen. Wenn nach Weihnachten die Sternsinger durch die Straßen ziehen und für die wirklich Armen in der Welt sammeln, dann bin ich aktiv dabei. Können Sie sich das vorstellen?«

Der Pastor ist überwältigt und reagiert sofort:

»Martin, das ist eine hervorragende Idee. Weißt du was, ich rede mit meinem katholischen Amtsbruder. Wir kennen uns gut und dann klappt die Sache. Ich freue mich für dich!«

Dann dreht er sich zu seiner Nachbarin um, die immer noch etwas verwirrt dreinschaut.

»Sehen Sie«, sagt der Pastor zur Mutter gewandt, »ich glaube fest daran, dass sich Menschen verändern können. Das ist mein Beruf. Darum feiern wir doch Weihnachten. Christus ist geboren, Gott wurde Mensch und will aus bösen und verlogenen Menschen andere machen. Das gebe ich nicht auf!«

*O Gott, du kommst in eine kranke Welt,
kein roter Teppich, kein Trompetenschall,
Du siehst nichts Gutes, nichts, was dir gefällt,
nur Krieg und Krisen, Unheil überall.*

*O Gott, du kommst in eine kranke Welt,
die Krippe ist dein Armutszeichen,
nichts ist, was dich im Himmel hält,
du stellst für uns die Lebensweichen.*

*O Gott, du kommst in eine kranke Welt,
und liebst uns Arme unverdient,
wir sind nun vor die Wahl gestellt,
am Kreuz hast du für uns gesühnt.*

Wir haben keine Gefühle mehr füreinander

Es war Anfang Dezember. Der Frost hatte ausnahmsweise unser Land schon fest im Griff. Ein kalter Wind fegte durch die Straßen. Die Menschen versteckten ihr Gesicht hinter Mantelkragen.

Da erschien ein Mann zur Beratung, der sich erst vor wenigen Tagen telefonisch mit den Worten angemeldet hatte:

»Meine Ehe steht vor dem Scheitern. Sie sind für mich der letzte Strohhalm. Ich brauche schnell einen Termin!«

Als ich die Tür öffnete, stand vor mir ein stattlicher Mann in einem kurzen, schwarzen Caban. Einen dicken, grauen Wollschal hatte er sich elegant nach hinten über den Rücken geschlungen. Auf dem Kopf trug einen schwarzen Hut mit einer breiten Krempe. Bevor ich ihn hereinbat, rieb er sich noch seine kalt gewordenen Ohren.

»Meine Güte, kommt der Winter dieses Jahr früh.«

So begrüßte er mich und zog seine Handschuhe noch vor der Tür aus.

Als ich ihm meine Hand reichte, nannte er mir seinen Namen. »Meyerink! Wir sind um zehn Uhr verabredet.«

In der Garderobe legte er ab, Und ich bat ihn ins Beratungszimmer. Er wählte den Sessel rechts vor dem Glastisch mit dem Blick in den Garten. Er rieb sich die weißen Hände und schaute mich erwartungsvoll an.

»Sie haben Eheprobleme habe ich noch im Ohr und sehen in mir den letzten Strohhalm. Kein gutes Omen, wenn ich das sagen darf!« Der Mann rückt im Sessel etwas nach vorn.

»Sie haben Recht. Ich bin auch ziemlich resigniert und verzweifelt. Meine Frau und ich sind zehn Jahre verheiratet. Wir haben zwei Kinder im Alter von acht und sechs Jahren. Ich bin Diplom-Ingenieur und Geschäftsführer in einem mittleren Unternehmen.«

Er macht eine Pause.

Ich habe mir vom Glastisch den Schreibblock auf den Schoß gezogen.

»Wenn Sie erlauben würde ich mir gern einige Notizen machen. Das hier nichts rausgeht, ist selbstverständlich. Aber zuvor würde ich von Ihnen gern hören, was Sie in diesen anderthalb Stunden von mir konkret erwarten.«

Herr Meyerink kraust seine Stirn und schaut angestrengt aus dem Fenster.

»Kurz gesagt: Unsere Ehe ist auf dem Nullpunkt angelangt. Unsere Beziehungen sind abgestorben.«

Der Mann sitzt verspannt im Sessel und legt seine Stirn in Falten.

»Und was erwarten Sie von mir?«

Er beugt sich wieder weit vor.

»Gibt es noch eine Rettung, oder ist der Zug abgefahren?«

Den Arbeitsauftrag notiere ich mir auf dem Schreibblock.

»Noch weiß ich zu wenig von Ihnen beiden. Wie sind denn die abgestorbenen Beziehungen zustande gekommen?«

Einen Augenblick denkt er nach und formuliert präzise, wie er es beruflich gewohnt ist.

»Wir sind beide Christen und haben uns im Studium beim SMD, Studenten-Missions-Dienst, kennen gelernt. Beide waren wir überzeugt, wir sind füreinander bestimmt. Sie wurde Gymnasiallehrerin und ich Diplom-Ingenieur. Zwei Jahre später haben wir geheiratet. Die Zeit war wunderbar, bis die Kinder kamen.«

Er schüttelt seinen Kopf bedenklich.

Da hake ich ein.

»Was wollen Sie damit sagen?«

»Ich kann es nur aus meiner Sicht beschreiben: Sie gab ihren Beruf auf, kümmerte sich um die Kinder, und ich machte beruflich Karriere. Wir entfremdeten uns mehr und mehr. Ich musste beruflich viele Auslandsreisen unternehmen und war in der Woche jeden Tag mindestens elf Stunden unterwegs.«

Ich lege meinen Block zur Seite.

»Das klingt einleuchtend, muss aber eine Ehe nicht unbedingt gefährden, oder?«

»Ich weiß es nicht. Wir haben uns auseinander gelebt. Bis zum ersten Kind waren wir aktiv in einer Kirchengemeinde. Der Glaube hat uns mal viel gegeben.«

»Hat. Heute nicht mehr?«

»Meines Erachtens ist mit meiner Karriere auch der Glaube auf der Strecke geblieben.«

»Auch bei Ihrer Frau?«

Er macht ein ernstes Gesicht.

»Oh, Sie beobachten genau! Nein, bei ihr nicht. Sie glaubt fest, ich bin einfach zu nüchtern. Das Rationale spielt mir immer wieder einen Streich. Mir fehlt mit einem Wort das Warmherzige, das Weiche, jedenfalls sagt sie das.«

Mir scheint, wir haben einen wesentlichen Punkt zu fassen. »Und wie geht Ihre Frau damit um?«

»Sie leidet unter meiner Nüchternheit. Oft bin ich überarbeitet und kann ihr nur einen apathischen Ehemann präsentieren.«

Ich lasse nicht locker.

»Und sie unternimmt nichts, um Sie aus der Apathie herauszuholen?«

»Doch, sie hat sich große Mühe gegeben, hat mir oft tolle Essen gekocht, war oft zärtlicher als ich. Ja«, erholt tief Luft, »und dann hat sie kapituliert.«

»Wie lange liegt das zurück?«

Nachrechnend schaut er unter die Decke.

»Etwa seit zwei Jahren.«

Leise stöhnt er vor sich hin.

»Wir gehen beide frustriert ins Bett, liegen gleichgültig nebeneinander. Wir haben die Lust aneinander verloren. Vor einem Jahr habe ich zum ersten Mal das Wort Trennung oder Scheidung in den Mund genommen.«

»Und wie hat Ihre Gattin reagiert?«

»Sie fing spontan an zu weinen und sagte: ›Wenn du es so willst!‹« Ich lege meine Block zurück auf den Glastisch.

»Sie spielen mit Trennung oder Scheidung. Ihre Gattin ist nicht überzeugt. Deute ich das richtig?«

»So ist es. Unsere Gefühle füreinander stimmen nicht mehr. Ich habe die Kraft nicht, über meinen Schatten zu springen, sie hat die Kraft nicht, mir positive Gefühle entgegen zu bringen. Die Leidenschaft, die wir bis zum ersten Kind empfunden haben, ist auf der Strecke geblieben. Unsere Gefühle sind mehr oder weniger tot.«

Ich versuche es, auf den Punkt zu bringen.

»Sie fragen also, welche Möglichkeiten es noch gibt, das Steuer herumzureißen?«

Herr Meyerink nickt heftig.

»Genau, das ist meine Frage.«

Zur Sicherheit frage ich noch: »Eine andere Frau ist nicht im Spiel, oder?«

Er reißt erstaunt die Augen auf und wehrt sich energisch. Seine Abwehr klingt überzeugend.

»Um Himmels willen, nein!«

Ich schaue ihm tief in die Augen.

»Es gibt eine schlichte und handfeste Möglichkeit: Sie gehen hin und lieben Ihre Frau.«

Der Mann schaut mich verständnislos an. Einen Augenblick prüft er seine Wahrnehmung und überlegt, was er mir sagen kann: »Ich glaube, Sie haben mich missverstanden. Unsere Gefühle füreinander sind abhandengekommen. Ich kann meine Frau nicht lieben.«

Ich gebe mir Mühe, ruhig zu bleiben.

»Doch, Sie können sie lieben, wenn Sie sich Mühe geben, wenn Sie wirklich wollen.«

Er schaut mich entgeistert an.

»Ich kann doch nicht gegen meine Gefühle einen Menschen lieben. Meine und ihre Gefühle sind abhandengekommen!«

Ich versuche, ihn nicht gegen mich aufzubringen.

»Für meine Begriffe sind Liebe und Gefühle

zwei Paar Schuhe. Ich kann den anderen lieben, ohne dass meine Gefühle mich dabei unterstützen.«

Der Mann schaut versunken in sich hinein.

»Vorstellen kann ich mir, dass ich einem Obdachlosen in der Fußgängerzone, der mir zudem noch höchst unsympathisch ist, zehn Euro in die Hand drücke und ihm damit meine Liebe zeige. Aber bei meiner Frau?«

Ich strahle ihn an.

»Sie haben als Wissenschaftler präzise die Liebe charakterisiert. Wenn Sie Ihrer Frau diese Liebe angedeihen lassen, werden Sie in kurzer Zeit eine veränderte Partnerin erleben.«

Er schaut mich zweifelnd an.

»Das kann ich mir nicht vorstellen. Vielleicht reagiere ich wirklich viel zu rational!«

Ich bleibe fest.

»Wahrscheinlich. Sie müssen sich das auch nicht vorstellen! Sie lieben Ihre Gattin und warten ab, was geschieht. Oder wagen Sie in Ihrer Firma nicht auch Experimente und lassen sich überraschen?« Fragend zieht er seine Stirn in Falten.

»Natürlich! Bei sachlichen Versuchen in der

Firma rechnen wir mit bestimmten Erfolgsquoten. Da brauchen wir auch keine Gefühle! Aber die Ehe ist doch keine Firma! Was wollen Sie denn machen, wenn die Gefühle eingeschlafen sind?«

Ich kann ein Lächeln nicht unterdrücken.

»Ich wundere mich, dass Sie als Wissenschaftler und Kopfmensch eine so hohe Meinung von Gefühlen haben. Die interessieren uns im Augenblick überhaupt nicht, sondern nur die Liebe, die Sie praktizieren können. Sagen wir mal, wie bei dem Obdachlosen in der Fußgängerzone.«

Der Mann schaut bissig drein.

»Soll ich etwa meine Frau mit Geldscheinen lieben? Die wird sie mir vor die Füße knallen! Ohne Gefühle kann man doch nicht lieben!«

»Als Jesus einen Aussätzigen berührte und gesund machte, als er einem Blinden Erde mit Speichel vermischt auf die Augen schmierte und ihn heilte, glauben Sie wirklich, dass da seine Gefühle im Vordergrund standen? Die Leute sprachen von einer unglaublichen Liebe, oder?«

Der Mann fasst sich mit beiden Händen rechts und links an die Schläfen.

»Langsam dämmert es, was Sie mir sagen wollen!«

Ich mache eine Pause.

»Möchten Sie mir sagen, was es ist?«

Er stöhnt und kommt ins Schwitzen.

»Es fällt mir schwer, es ohne Liebesgefühle bei meiner Frau zu realisieren.«

»Probieren Sie es einfach.«

Er stellt sich gekonnt ungeschickt an und fragt wie ein kleines Kind. »Und was meinen Sie, was ich tun sollte?«

Es kommt mir schnell über die Lippen: »Alles, was Ihr Freude bereitet.«

Er schließt die Augen und spricht leise vor sich hin.

»Ich glaube manchmal, ihr macht alles Freude, was ich für sie tue.«

Spontan entfährt es mir: »Eine ideale Voraussetzung für Weihnachten. Es geht auf das Fest zu. Sie können mit vielen Kleinigkeiten ihr Herz gewinnen.«

Überzeugt ist der Mann nicht.

»Und Sie meinen, dass sich das lohnt?«

»Nur wenn Sie es fest glauben und im Gebet davon überzeugt sind.«

Der Mann räkelt sich hilflos im Sessel.

»Komisch, in der Firma sprühe ich vor Ideen, aber in der Liebe zu meiner Frau bin ich völlig einfallslos.«

Mich reizt dieses kreativlose Verhalten und wage den Einspruch: »Ich will nicht boshaft sein, aber genau das ist personifizierte Lieblosigkeit. Wenn Sie gründlich nachdenken, fallen Ihnen mit Sicherheit praktische Beispiele ein, die Ihre Gattin glücklich machen.«

Er nickt viel sagend.

»Zu Weihnachten und zum Geburtstag schenke ich ihr seit fünf Jahren Geld. Ich kenne ihre Wünsche nicht und hoffe, sie sieht meinen guten Willen.«

Der Mann schaut bedröppelt nach unten. Vermutlich schämt er sich. Die Gefühle will ich nicht unterbinden.

»Wahrscheinlich bedankt sie sich artig und ist mehr unglücklich als glücklich.«

Er nickt.

»Ich vermute es. Oft liegt der Umschlag

mit dem Geldgeschenk monatelang auf ihrem Nachttisch.«

Etwas forsch gebe ich dem Gespräch eine Wendung.

»Das perfekte Zusammenspiel auf beiden Seiten hat Ihre Gefühle auf den Nullpunkt gebracht. Sie haben den Schlüssel in der Hand, die Liebe und die Liebesgefühle neu zu entfachen. Überlegen Sie bitte mal, wie sind Sie vor der Ehe Ihrer Frau begegnet?«

Über sein Gesicht huscht ein Lächeln. In Gedanken blättert er einige Jahre zurück.

»Vor der Ehe, ja, da habe ich ihr jeden Tag eine Rose geschenkt. Mal eine gelbe, mal eine rote oder eine weiße.«

Ich beuge mich in meinem Sessel vor.

»Und Sie wollen mir einreden, dass Sie einfallslos sind?« Er reagiert sofort.

»Aber ich kann ihr doch nicht plötzlich mit Rosen kommen! Sie wird mich auslachen oder mich ernsthaft fragen, ob ich ein schlechtes Gewissen habe.«

»Na und? Haben Sie denn kein schlechtes Gewissen?«

»Das ist es ja«, sagt er.

»Was werden Sie ihr also sagen?«

Einen Augenblick druckst er herum.

»Meine Liebe – das habe ich schon lange nicht mehr gesagt – ich habe jahrelang nur meine Karriere im Auge gehabt, ich habe dich und die Kinder vernachlässigt. Ich versuche einen Neuanfang. Jedenfalls will ich es allen Ernstes! Vielleicht hilfst du mir dabei?«

Ihm ist ganz heiß im Gesicht geworden. Er öffnet sein Jackett und holt tief Luft.

»Und Sie glauben, das hat Erfolg?«

Ich bin überzeugt.

»Wenn Sie ehrlich wollen, auch wenn Ihre Gefühle noch im Tiefschlaf liegen, warten Sie ab, was in ihr vorgeht. Sie haben Ihre Gattin doch mal geliebt, oder?«

Er nickt beiläufig. Mit seinen Gedanken ist er vermutlich bei ihr. In seine Augen kommt ein wässriger Schimmer. Das geht ihm zu weit. Wortlos steht er auf, zückt seine Brieftasche und legt mir das Honorar auf den Tisch.

Sorgfältig knüpft er seine Jacke wieder zu und zupft verlegen an seinem Schlips. Er schaut mich nicht an.

»Sie waren mir heute mehr als ein Strohhalm!«

Wir gehen aus dem Beratungszimmer die Treppe hoch. Im Flur helfe ich ihm in den Mantel und reiche ihm den Hut.

Er hat es eilig. Kurz und schmerzlos verabschiedet er sich und dreht sich noch einmal um:

»Wahrscheinlich hören Sie im neuen Jahr von mir. Jetzt müssen wir erst mal Weihnachten unter die Füße kriegen. Und für Sie und Ihre Gattin gesegnete Advents- und Festtage!«

Ich drücke ihm fest die Hand, wünsche ihm eine gute Entscheidung und ebenfalls gesegnete Advents- und Weihnachtstage.

Ganz ungewöhnlich ruft mich am zweiten Weihnachtstag die Frau des Ingenieurs an. Einige Male entschuldigt sie sich, dass sie mich zur völlig unpassenden Zeit belästigt.

Sie wünscht mir und meiner Frau noch gesegnete Christfeststunden und will mich unbedingt in den nächsten Tagen sprechen. Näheres will sie nicht sagen, aber ihre Stimme klingt froh und zuversichtlich.

Zwischen den Jahren vereinbaren wir einen Termin am Vormittag.

Zur festgesetzten Zeit erscheint eine Frau im hellen Ledermantel. Eine weiße Pelzmütze bedeckt ihren Kopf. Sie strahlt und streckt mir zugewandt ihre Hand entgegen. Sie schüttelt sich noch einmal, und ich lasse die Tür ins Schloss fallen.

»Huu, ist das draußen kalt!« sagt sie.

Ihr Gesicht spiegelt kleinste Kältepickel wieder. Im Flur nehme ich ihr den Mantel ab und lege die Mütze ins Regal. Ich bitte sie, mir ins Arbeitszimmer zu folgen. Sie reibt sich noch einmal die frierenden Arme und nimmt in einem der Sessel Platz. Und schon sprudelt sie los:

»Ich kann es nicht anders sagen: An unserer Ehe ist ein Weihnachtswunder geschehen. Nach dem Besuch meines Mannes bei Ihnen habe ich einen verwandelten Mann zurückbekommen. Stellen Sie sich vor, er brachte mir eine langstielige Baccara-Rose mit und strahlte mich über alle Backen an. Seit acht oder neun Jahren habe ich ein solches Stück nicht mehr in unserem Hause gesehen. Glauben Sie mir, ich war nicht wenig misstrauisch. Von unten bis oben habe ich ihn in Frage gestellt. Und wissen Sie, was er mir dann sagte?«

Ich wage ein zaghaftes »Nein!«

»Der Therapeut hat zu mir gesagt, jetzt kommt bestimmt von der Gemahlin der Satz: ›Hast du ein schlechtes Gewissen?‹« Sie schaut mit forsch an.

»Das habe ich tatsächlich geglaubt!"

»Und?« frage ich.

»Mein Mann war gut präpariert und sagte: ›Ja, ich habe ein sehr schlechtes Gewissen. Jahrelang habe ich nur meine Karriere ins Auge gefasst und habe Dich und die Kinder vernachlässigt.‹«

Der Frau schießen Tränen in die Augen, und ich schiebe ihr ein Papiertaschentuch über den Glastisch. Mit dem Tuch streicht sie einige Male über die nassen Augen und spricht weiter.

»Meine Güte, er stand da wie ein begossener Pudel. So kenne ich ihn normalerweise gar nicht. Er ist stolz und steht kerzengerade im Leben.«

Ihr Kinn zittert ein wenig und sie fährt sich noch einmal über die nassen Augen.

»Ha, er tat mir plötzlich richtig leid, und ich habe ihn in die Arme genommen, ausgesprochen leidenschaftlich.«

Sie macht eine lange Pause, so als wollte sie die Glücksmomente noch einmal in Gedanken genießen.

»Wir waren beide überwältigt. Und da kamen plötzlich die Kinder rein. Völlig im falschen Augenblick! Und wie aus einem Munde haben wir sie rausgeschickt. Unglaublich!«

Sie schüttelt verwundert ihren Kopf.

»Sehen Sie, bei mir gingen jahrelang die Kinder vor. Zum ersten Mal habe ich meinem Mann den Vorrang gegeben. Mich hat das selbst überrascht.«

Plötzlich richtet sie sich im Sessel auf.

»Ich will Sie mit Einzelheiten nicht langweilen. Aber dieser Umschwung hielt an! Wirklich! Jeden Tag bekam mich eine Rose, jedes Mal in einer anderen Farbe. Er schmückte das Wohnzimmer adventlich. Plötzlich hatte der Kopfmensch Ideen. Er kaufte eine riesige Weihnachtspyramide und setzte sich abends ans Klavier und spielte Advents- und Weihnachtslieder. Ich wusste gar nicht, dass er Klavier spielen konnte. Unser Benjamin, der das Ganze noch nicht einordnen konnte, sagte: ‚Die Adventszeit ist die schönste Zeit im Jahr.' Er erlebte eine völlig veränderte Familienatmosphäre. Uns verschlug es die Sprache.«

Die Dame hat äußerst rote Wange bekommen und schiebt rechts und links den dicken Pullover an den Armen hoch.

»Aber eine Sache muss ich Ihnen noch erzählen. Das war am ersten Weihnachtstag. Heiligabend sind wir bewusst nicht in die Kirche gegangen. Da war alles sicher brechend voll. Wir sind am ersten Weihnachtstag um 10 Uhr gegangen. Die Kirche war relativ leer. Die Weihnachtsbäume brannten. Die Krippe war hell erleuchtet. Und unsere Kinder begleiteten uns. Der Pfarrer, mit dem wir einige Jahre zusammengearbeitet hatten, hielt die Predigt.

Als der Gottesdienst zu Ende war, die Orgel spielte das Schlusslied, ging der Pastor zum Ausgang, um die Leute zu verabschieden. Als wir an die Reihe kamen, nahm er uns als Eheleute beiseite und sagte: ›Euch hat das Christkind wohl besonders beschenkt. Ich habe Euch beobachtet. So stell' ich mir ein gesegnetes Fest vor!‹

Wir schüttelten uns die Hände, und mein Mann flüsterte dem Pfarrer ins Ohr: ›Im kommenden Jahr kannst Du wieder mit unserer Mitarbeit rechnen.‹

Mit unserer hat er gesagt! Der Pfarrer blinzelte mir zu: ›Ich sagte es ja, ein gesegnetes Fest!‹«

Die Frau unterbricht sich abrupt. Sie macht eine Pause und schaut mich an. Die hochgeschobenen Ärmel ihres Pullovers zieht sie zurück. Über Stirn und Gesicht verbreiten sich einige Falten.

»Sie haben noch gar nichts gesagt. Ich habe ohne Punkt und Komma geredet. Können Sie sich vorstellen, dass diese beglückenden Gefühle bleiben?«

Große ernste Augen blicken mich an.

Ich zögere die Antwort einen Augenblick hinaus. Ich will keine falschen Erwartungen unterstützen.

»Die beglückenden Gefühle werden mit Sicherheit etwas nachlassen. Auf Gefühle können wir unsere Beziehungen nicht aufbauen. Gefühle sind wetterabhängig. Gefühle kommen und gehen. Was bleibt ist die Liebe. Bei Ihnen beiden waren die Gefühle abgestorben. Oder stimmt das etwa nicht? Aber sie wurden wieder belebt. Und wie? Als Ihr Mann Liebe praktizierte und zwar gegen seine Gefühle. Schenken Sie Liebe, auch wenn die Gefühle noch auf sich warten lassen. Zärtlichkeit, Komplimente, Zuwendung und Anteilnahme, das ist Liebe. Die Reaktion auf beiden Seiten werden gute Gefühle sein. Liebesgefühle! Haben Sie das nicht erlebt?«

Sie nickt überzeugt.

»Seltsam, ich bin mit der Gewissheit groß geworden: Gefühle sind das Barometer unserer Liebe. Zeigt das Barometer keine Leidenschaft mehr, ist es mit der Liebe vorbei. Und die Folge? Wir geben auf!«

Wieder entsteht eine kleine Pause. Und sie fasst nach: »Und was ist in Ihren Augen Liebe?«

Ich möchte es unmissverständlich formulieren:

»In erster Linie jedenfalls kein Gefühl, sondern eine Gesinnung. Liebe ist ein Geschenk und eine Willensentscheidung. Ich will dich lieben, auch wenn einige Gefühle im Wege stehen. Ich werde dich lieben, auch wenn der Rausch aus den Zeiten vor der Ehe verflogen ist.«

Beglückt springt die junge Frau aus dem Sessel auf.

»Das nehme ich mit nach Hause: Wenn die Gefühle nachlassen, ist die Liebe gefragt. Bis kurz vor Weihnachten haben wir nur auf die Gefühle geschaut und haben uns angeödet.«

Sie schüttelt selbst verwundert ihren Kopf.

Im Stehen kramt sie in ihrer Handtasche und legt das Honorar auf den Glastisch.

Vor mir stürmt sie die Treppe hoch und steht im Flur.

Ich helfe ihr in den Mantel und hole die weiße Pelzmütze vom Regal. Sie reicht mir zum Abschied die Hand:

»Heute weiß ich's, Liebe ist eine Wundermedizin. Und wenn das Christkind seinen Teil dazu tut, kann doch nichts schief gehen, oder?«

Dem habe ich nichts hinzuzufügen.

Weihnachten wird,

wenn Hass und Krieg ein Ende haben,
wenn Völker Kampf und Streit begraben,
wenn Tränen hier vertrocknet sind,
wenn Frieden unser Tun bestimmt,
wenn Gottes Geist die Herzen rührt,
wenn jeder Seine Liebe spürt,
wenn Hunger auch und Armut weichen,
wenn Feinde sich die Hände reichen,
dann ist Gott wirklich eingekehrt,
dann sind wir alle reich beschert.

Der Gnadenerlass

Denn es ist erschienen die heilsame Gnade Gottes allen Menschen.
Titus 2,11

Zur Weihnachtszeit öffnen sich in vielen Ländern der Welt die Gefängnisse.

Menschen werden freigelassen durch »Gnadenerlass«. Für viele verbindet sich damit eine übergroße Freude. Der »Gnadenerlass« hat sie freigesprochen.

Der Theologe Bonhoeffer, der im KZ starb, unterscheidet zwischen »billiger Gnade« und »heilsamer« oder »teurer Gnade«

Er schreibt:

Billige Gnade ist der Todfeind unserer Kirchen. Unser Kampf heute geht um die teure Gnade.

Billige Gnade heißt Gnade als Schleuderware, verschleuderte Vergebung, verschleuderter Trost, verschleudertes Sakrament.

Gnade ist die unerschöpfliche Vorratskammer der Kirche, aus der mit leichtfertigen Händen bedenkenlos und grenzenlos ausgeschüttet wird. Gnade ohne Preis, ohne Kosten.

Teure Gnade ist das Evangelium, das immer wieder gesucht, die Gabe, um die gebeten, die Tür, an die geklopft werden muss.

Teuer ist sie, weil sie in die Nachfolge ruft.

Gnade ist sie, weil sie in die Nachfolge Jesu Christi ruft.

Teuer ist die Gnade vor allem darum, weil sie Gott teuer gewesen ist, weil sie Gott das Leben seines Sohnes gekostet hat.

Weihnachten ist nicht das Fest der billigen Gnade, der Gnade zu Discountpreisen. Die heilsame Gnade Gottes wird uns nicht nachgeworfen. Sie kostet uns einiges. Darauf hat Bonhoeffer zu Recht aufmerksam gemacht. Die heilsame Gnade ist erschienen. Wer anbetet, wer anklopft, wer sie sucht und erbittet, dem wird sie zuteil.

Die Weihnachtstage, der Geburtstag unseres Herrn, sind Anlass genug, über die billige und die heilsame Gnade nachzudenken.

Die heilsame Gnade führt in die Nachfolge. Haben wir das bedacht?

Herr, wir feiern deinen Geburtstag,
weil du als der gnädige Retter
auf diese Erde gekommen bist.
Vergib, wenn wir
deine Gnade leichtfertig
in Anspruch genommen haben.
Vergib, wenn wir sie zu selbstverständlich
hinnehmen. Amen.

Weihnachten

*Eine einzige Tat,
Gott bringt den Himmel auf die Erde;
ein einziges Geschehen,
ein Kraftquell für das ganze Leben;
eine einzige Nachricht,
denn euch ist heute der Heiland geboren;
eine einzige Person,
Christ, der Retter ist da;
eine einzige Verheißung,
Siehe, ich bin bei euch alle Tage
bis an der Welt Ende.*

Draußen vor der Tür

Er kam in sein Eigentum, doch die Seinen nahmen ihn nicht auf.   Johannes 1,11

Das Deutsche Schauspielhaus in Hamburg hat wiederholt Wolfgang Borcherts Stück »Draußen vor der Tür« auf den Spielplan gesetzt. Geschildert wird eine Heimkehrersituation. Ein Soldat kommt aus der Gefangenschaft nach Hause. Jahrelang hat er auf diesen Augenblick gewartet. Und nun steht er endlich mit zitterndem Herzen da und klopft an seine Haustür. Er steht vor seiner eigenen Wohnung, und drinnen ist seine Frau. Und alles in ihm ist gespannt auf diesen ersten Augenblick der Begegnung.

Da öffnet sich die Tür. Er sieht und erkennt blitzartig, dass sie gar nicht mehr auf ihn wartet. Es war ihr zu lange geworden. Nun hat ein anderer seine Stelle eingenommen. Das, wofür er blutete, worauf er gewartet hat, ist plötzlich nicht mehr da. Er steht draußen vor der Tür seines Eigentums.

Das ist nicht nur ein Heimkehrerschicksal, das war auch das Schicksal des Sohnes Gottes.

Vom ersten Augenblick an steht er draußen vor der Tür. Damals im Stall von Bethlehem, damals in Nazareth, wo sie aus Unglauben ihm nicht die Türen öffneten, damals in Jerusalem, als er über die Stadt weinen musste, und dann, als sie ihn draußen vor dem Tor ans Kreuz hängten. »Er kam in sein Eigentum, und die Seinen nahmen ihn nicht auf.«

Woran liegt es, dass sich dieses Schicksal immer wiederholt? Vor allem liegt es daran, dass jeder selbst Besitzer und Herr sein will über sein eigenes Leben und dieses selbstständig bestimmen möchte.

Aber es ist ja seine eigene Welt, in die der Sohn Gottes kommt. Durch ihn ist sie geschaffen worden. Er ist der Besitzer, der Eigentümer, der heimkommt in sein Eigentum. Er ist auch der Eigentümer jedes einzelnen Lebens. Und das, was sich damals vor 2000 Jahren abgespielt hat, geschieht immer wieder. Es geschieht dort, wo ich ihn nicht den Herrn sein lasse, dort, wo ich gebieten möchte über mein eigenes Leben, wo ich meinen Besitz, meine Zeit, meine Kraft als mein Eigentum betrachte und es ihm nicht zur Verfügung stelle.

Abstand
vom Trubel in der kalten Welt,
Abstand
vom Heidenlärm, der mir missfällt,
Abstand
von Rührung und von falschen Zielen,
Abstand
von Lüge und falschen Gefühlen.

Hinkehr zur Krippe
Gott wird dort Kind;
Hinkehr zum Retter,
der dich dort find;
Hinkehr zum Frieden,
den Gott allein schenkt;
Hinkehr zum Licht,
das durch finstere Nacht lenkt.

Der Bethlehem-Stern –
Die Rubin-Sterne

Wir haben nämlich seinen Stern im Morgenland gesehen und sind gekommen, ihm zu huldigen.
                                            Matthäus 2, 2

Als ich vor einigen Jahren die Sowjetunion bereiste, habe ich selbstverständlich in Moskau auch den Kreml besucht.

Fünf Kreml-Türme wurden 1937 mit Rubinsternen geschmückt. Der Abstand zwischen zwei Spitzen der Sterne beträgt drei bis vier Meter. Alle Sterne drehen sich in besonderen Kugellagern frei in die jeweilige Windrichtung. Besonders konstruierte Spiegel, Prismen und elektrische Lampen sichern eine gleichmäßige Beleuchtung von innen. Deshalb sind die Sterne bei Tag und Nacht weithin sichtbar. Diese fünfzackigen Sterne, die wie Rubine glühen, gehen jeden Abend am Himmel von Moskau auf. Die Sowjetsterne überragen die Doppelkreuze der Basilius-Kathedrale am Roten Platz.

Sie ziehen die Blicke der in den spärlich erleuchteten Geschäftsstraßen umherschlendernden Abendbummler auf sich. Sie weisen ihnen die Richtung über die geraden und breiten Achsen und Alleen zum Mittelpunkt der Metropole.

Alle Wege führen zum Kreml. Wer sich im Zentrum befindet, verirrt sich nicht. Er braucht nur die roten Leuchtzeichen über den Dächern im Auge zu behalten.

Wie imponierend leuchten die von Menschenhand konstruierten Edelsteinsterne am russischen Himmel.

Wie unbedeutend dagegen nimmt sich die naturwissenschaftlich, für viele zweifelhafte Geschichte des Bethlehem-Sternes aus.

Hier die prachtvollen Rubinsterne über den imposanten Kreml-Bauwerken, dort ein Stern über einem Stall.

Hier fällt ihr Schein auf die mächtigsten Männer der Erde, dort auf ein unscheinbares, hilfloses Kind.

Hier der Glanz, dort Armut.

Wer seinen Stern gesehen hat, wer sich den Weg zum Stall und zum Kreuz weisen lässt, betet keine Gewalt und keine Macht an, der betet das Kind, die Liebe und den Friedefürsten an. Er verweilt nicht in Sentimentalität und findet den Stern und das Kind in der Krippe rührend, sondern er folgt dem Kinde nach.

Gibt es nicht zu denken, dass die Anbeter aus der Heidenwelt kommen, die Feinde aber aus dem Gottesvolk?

Dein Licht strahlt auf,
du bringst die Rettung für die Welt;
dein Licht strahlt auf,
weil dich die Not der Menschheit quält;
dein Licht strahlt auf,
du bringst den Himmel auf die Erde,
dein Licht strahlt auf,
du willst, dass endlich Friede werde.

Wär' Christus tausendmal in Bethlehem geboren ...

Und dies sei das Erkennungszeichen für euch: Ihr werdet ein neugeborenes Kind finden, das in Windeln gewickelt ist und in einer Krippe liegt.

Lukas 2, 12

Sie kennen doch alle den »Simplicissimus«, eine satirische Wochenzeitschrift, die aus spitzer und frecher Feder gespeist wird. In jenem »Stürmer« auf die satte Bürgerlichkeit erschien in einer der Weihnachtsnummern auf der Titelseite ein weihnachtliches Bild, das alle frommen und christlichen Gemüter erregte:

Vor einer großen Krippe kniete der repräsentative Querschnitt der deutschen Bundesrepublik und betete den Inhalt dieser weihnachtlichen Krippe an. Das Besondere an dem Bild war, dass das Kind – das Christuskind – aus der Krippe verschwunden war und stattdessen das liebste Kind des heutigen Menschen darin lag: der Gestalt gewordene Lebensstandard.

Neben einem Monsterkühlschrank lag ein moderner MP3-Player mit allen Schikanen, und neben dem Fernsehapparat das neuste Modell der Autofirma Sowieso, verchromt bis zum Auspuff, versteht sich von selbst.

»… und sie fielen nieder und beteten es an.«

Das Erkennungszeichen von Weihnachten soll das Kind in der Krippe sein.

Was ist nur aus dem Kind in der Krippe geworden?

Es ist rausgerutscht – aus der Wirtschaftswunderkrippe. Bei dem Marathonlauf um das goldene Kalb war es uns im Wege. Wir haben es fröhlich ausgesetzt. Die Dinge in dieser Welt gehen uns vor. Das Irdische interessiert uns mehr als das Überirdische.

»Wär' Christus tausendmal in Bethlehem geboren und nicht in dir, du gingst auf ewig, ewig auch verloren.«

Wie behandeln Sie das Kind?

Was beten Sie an?

Was ist Ihnen am Weihnachtsfest wichtig?

Heilige Zeit
Zeit, die mir gehört,
Zeit, die mich bereichert,
Zeit, die niemand stört.

Heilige Zeit
Zeit, die viele Herzen rührt,
Zeit, die dir die Stille schenkt,
Zeit, die dich zur Krippe führt.

Heilige Zeit
Zeit, die friedlich du genießt,
Zeit, die wie ein Engel dich begleitet,
Zeit, die dir das Weihnachtsfest aufschließt.

Der Sohn kommt

Gelobt sei, der da kommt im Namen des Herrn!
Matthäus 21, 9

Der Schriftsteller Rudolf Otto Wiemer hat ein Gedicht geschrieben:

> *Advent.*
> *Holt den Sohn vom Bahnhof ab.*
> *Er kommt.*
> *Man weiß nicht genau,*
> *mit welchem Zug, aber die Ankunft*
> *ist gemeldet.*
> *Es wäre gut, wenn jemand*
> *dort auf und abginge.*
> *Sonst verpassen wir ihn.*
> *Denn er kommt.*
> *Nur einmal.*

Advent heißt, der Sohn kommt. Ein aufregendes Ereignis. Es gibt tagelange Vorbereitungen. Alle Einzelheiten werden nicht einmal, sondern mehrfach besprochen. Eine sehnsüchtige

Erwartung liegt über der Familie. Lange Zeit vor der Ankunft des Zuges gehen Familienangehörige auf dem Bahnhof auf und ab. Man könnte ihn verpassen.

Und wie sieht unsere Erwartung aus?

Wo ist etwas von der Spannung, von der Erwartung?

Von der Sehnsucht?

Wo ist etwas von der Vorbereitung zu spüren? Erwarten wir nicht viel stärker stille, ruhige und erholsame Tage als den Herrn?

Sind die Adventstage nicht damit ausgefüllt, dass wir uns die Köpfe zerbrechen, welche Geschenke wir anderen Menschen überreichen wollen?

Wir sind beschäftigt, sind engagiert, wir laufen auf und ab, wir schauen immer wieder auf den Terminkalender, wann es soweit ist; nur hat dies etwas mit dem lebendigen, kommenden Herrn zu tun?

Wann finden wir die Zeit, über uns selbst nachzudenken?

Über unsere Unrast, über unsere Geschäftigkeit und über unsere Erwartungslosigkeit?

*Herr, vergib uns, dass
unsere Erwartung so lustlos,
unsere Freude so theoretisch,
unsere Adventsgesänge so routiniert,
unsere Dankbarkeit gekünstelt
und die Ausstrahlung unseres christlichen
Lebens mangelhaft ist.
Amen.*

Josef – eine Nebenrolle

Nach Joseph dreht sich kein Mensch um,
er steht gelassen nur herum,
darf artig die Laterne halten,
den Stall ausmisten und gestalten.
Er darf Holz hacken und den Esel tränken,
er darf dem Kind ein Lächeln schenken.

Joseph, ein Beispiel der Bescheidenheit?
Nur ein Statist zur Weihnachtszeit?
Ne Nebenrolle in der Weltgeschichte?
Als bärtgen Greis sehn Maler sein Gesichte,
wortkarges Muster männlicher Natur,
sein Ruhm sind Zuverlässigkeit und Treue pur.

Die Bibel sagt: Joseph war ein frommer Mann,
hört höchstes Lob, das Gottes Wort
   aussprechen kann.
Vertrauend folgt er Gottes Stimme in den
   Träumen,
gehorsam will er Gottes Weisung nicht
   versäumen.
Maria, der Verlobten, bleibt er fest verbunden,
ein Wunder, wie er seinen Platz gefunden.

Große Freude

*Der Engel aber sagte zu ihnen:
»Fürchtet euch nicht! Denn wisset wohl: Ich verkündige euch große Freude, die dem ganzen Volke widerfahren wird; denn euch ist heute ein Retter geboren, welcher ist Christus.«*
Lukas 2,10–11

Der volkstümliche Evangelist und ehemalige Berliner Stadtmissionar Heinrich Giesen schrieb über diese Stelle:

»Und schon mischt der Teufel mit, während wir die sensationelle Botschaft hören: Siehe, ich verkündige euch große Freude.

Denn der Teufel ändert unseren Gedankenflug, bringt ihn in falsche Richtung; wie eine Brieftaube, die auf den Heimatschlag zufliegt, abgelenkt wird, so lassen wir uns ablenken zu einem falschen Ziel. Denn die teuflische Botschaft lautet: Siehe, ich verkündige euch große Probleme.«

Wir haben es teuflisch gut gelernt, nur noch

problembewusst zu denken und zu leben. *Weihnachten heißt: Der Retter ist da, der Erlöser als Lösung für unsere Probleme.*

Für viele ist Weihnachten das Fest der kaputten Nerven. Wir machen uns selbst verrückt. Wir schauen auf unseren Erfolg, auf unsere Karriere, auf Leistung und Fortkommen. Angst und Furcht heizen den Problemen zusätzlich ein.

Weihnachten ruft uns der Engel zu: »Habt keine Angst! Ich verkündige euch große Freude.«

Wer in die zerrissene Welt schaut, in die Krisen- und Kriegsgebiete, in die Hunger- und Notgebiete, den überfallen die Probleme. Wer auf das Kind in der Krippe schaut, findet den Retter der Welt. Wer ihn anbetet, wer nicht vor Problemen kapituliert, wird selbst Freude empfangen, und er wird in seinem Namen mithelfen, Freude in die unheilvolle Welt zu tragen. Ob wir von der Krippe ohne Resignation aufstehen und seine Freude zuversichtlich in die kaputte Welt tragen helfen?

*Herr, wir danken dir,
dass du der Freudenbringer bist.
Die Weihnachtszeit soll Freudenzeit sein.
Vergib, dass wir nur noch problematisieren
und oft resignieren. Mach uns froh,
dass wir andere mit deiner Freude beglücken.
Amen.*

*Der Winter ist gekommen,
die Welt ist trist und kalt.
Der Mensch fühlt sich benommen,
käm' doch der Frühling bald.*

*Das Weihnachtsfest ist schon vergangen,
der Weihnachtsbaum hat ausgedient,
das Christkind wartet voll Verlangen,
dass Menschen sich nach ihm gesehnt.*

*Die letzten Tage zählt das Jahr,
gezählt sind auch die Stunden.
Am Ende wird es offenbar,
hast du im Kind dein Heil gefunden?*

Weihnachten – der Retter ist geboren

So will es das herzliche Erbarmen unseres Gottes, mit dem uns der Aufgang aus der Höhe besuchen wird, um denen Licht zu spenden, die in Finsternis und Todesschatten sitzen.

Lukas 1, 78–79

Am 25. Dezember wurde in der römischen Welt der Kult des Sol Invictus, der unbesiegbaren Sonne, deren Verkörperung der Kaiser darstellte, besonders festlich begangen. Im Rhythmus des Jahres nimmt die Sonne jetzt wieder zu und stellt den Fortbestand und den Weitergang des Lebens dar.

Christus wurde mit Sicherheit nicht am 25. Dezember geboren. Aber die junge Christenheit wollte missionarisch bezeugen: Geht nicht zum Sol Invictus, zum unbesiegbaren Sonnengott, sondern kommt zu dem Herrn aller Herren, der selbst das Licht ist und wie der Aufgang der Sonne in die Finsternis der Welt hineinleuchtet.

Licht fasziniert, erhellt und erwärmt. Das Licht der Weihnachtskerzen auf Christbäumen und Adventskränzen ist ein symbolischer Hinweis auf das Licht der Welt, das uns aus »der Höhe« besuchen wird, um die Finsternis hell zu machen.

Weihnachten bedeutet mehr als Wintersonnenwende, bedeutet mehr als Sieg des Lichtes über die Dunkelheit. Kein wunderbares Naturereignis, sondern der lebendige Gott hat seinen Wohnsitz verlassen, um uns zu besuchen.

An Weihnachten wurde der Retter geboren, der Licht, Heil und Leben schenkt. Wir müssen nicht länger im Todesschatten und in der Finsternis sitzen.

Unsere persönlichen Dunkelheiten, Ängste, Zerrissenheit und Nöte will er auf sich nehmen.

Sein Kommen in die Welt garantiert ewiges Leben. An seinem Geburtstag feiern wir den Sieg über unsere Finsternis, über unsere Sünde und Schuld und über unseren Tod. Und ein solcher Sieg kann nicht festlich genug begangen werden!

*Ich lag in tiefster Todesnacht,
du warest meine Sonne,
die Sonne, die mir zugebracht
Licht, Leben, Freud und Wonne,
O Sonne, die das werte Licht
des Glaubens in mir zugericht',
wie schön sind deine Strahlen.*

Paul Gerhardt

Nach Weihnachten

*sind die Kerzen abgebrannt,
die Stimmung wieder ganz entspannt;*

*nach Weihnachten
rieseln Nadeln sanft vom Baum,
Festtage gehen wie im Traum;*

*nach Weihnachten
keiner kann die Lieder jetzt noch hören,
Sentimentalität kann keinen mehr betören;*

*nach Weihnachten
wehmütig geht der Blick auf feierliche Tage,
entsetzt der Blick,
die Pfunde drücken auf die Waage;*

*nach Weihnachten
fragt unser Gott nach »O du fröhliche« und
»Stille Nacht«:
»Hat dir das Christkind wirklich Heil gebracht?«*